CADERNO DE ATIVIDADES

4

Organizadora: Editora Moderna
Obra coletiva concebida, desenvolvida e produzida pela Editora Moderna.

Editora Executiva:
Ana Claudia Fernandes

NOME: ....

....TURMA: ....

ESCOLA: ....

....

1ª edição

© Editora Moderna, 2019

Elaboração de originais:

Luciana Saab
Bacharel em História pela Universidade de São Paulo (USP) e Mestra em Relações Internacionais pela Pontifícia Universidade Católica de São Paulo (PUC-SP).
Pesquisadora e elaboradora de conteúdos didáticos.

Maria Clara Antonelli
Bacharel e licenciada em História pela Universidade de São Paulo (USP).
Editora e elaboradora de conteúdos didáticos.

Maurício Madi
Licenciado em História pela Universidade Estadual Paulista (UNESP-ASSIS) e Mestre em História da Educação pela Pontifícia Universidade Católica de São Paulo (PUC-SP).
Editor e elaborador de conteúdos didáticos.

Coordenação editorial: Ana Cláudia Fernandes
Edição de texto: Ofício do Texto Projetos Editoriais
Assistência editorial: Ofício do Texto Projetos Editoriais
Gerência de *design* e produção gráfica: Everson de Paula
Coordenação de produção: Patricia Costa
Suporte administrativo editorial: Maria de Lourdes Rodrigues
Coordenação de *design* e projetos visuais: Marta Cerqueira Leite
Projeto gráfico: Adriano Moreno Barbosa, Daniel Messias, Mariza de Souza Porto
Capa: Bruno Tonel
   Ilustração: Raul Aguiar
Coordenação de arte: Wilson Gazzoni Agostinho
Edição de arte: Teclas Editorial
Editoração eletrônica: Teclas Editorial
Coordenação de revisão: Elaine Cristina del Nero
Revisão: Ofício do Texto Projetos Editoriais
Coordenação de pesquisa iconográfica: Luciano Baneza Gabarron
Pesquisa iconográfica: Ofício do Texto Projetos Editoriais
Coordenação de *bureau*: Rubens M. Rodrigues
Tratamento de imagens: Fernando Bertolo, Joel Aparecido, Luiz Carlos Costa, Marina M. Buzzinaro
Pré-impressão: Alexandre Petreca, Everton L. de Oliveira, Marcio H. Kamoto, Vitória Sousa
Coordenação de produção industrial: Wendell Monteiro
Impressão e acabamento: HRosa Gráfica e Editora
Lote: 287971

Dados Internacionais de Catalogação na Publicação (CIP)
(Câmara Brasileira do Livro, SP, Brasil)

Buriti plus história : caderno de atividades / organizadora Editora Moderna ; obra coletiva concebida, desenvolvida e produzida pela Editora Moderna ; editora executiva Ana Claudia Fernandes. – 1. ed. – São Paulo : Moderna, 2019. – (Projeto Buriti)

Obra em 4 v. para alunos do 2º ao 5º ano.

1. História (Ensino fundamental) I. Fernandes, Ana Claudia. II. Série

19-23440   CDD-372.89

Índices para catálogo sistemático:
1. História : Ensino fundamental 372.89

Maria Alice Ferreira — Bibliotecária — CRB-8/7964

ISBN 978-85-16-11759-7 (LA)
ISBN 978-85-16-11760-3 (LP)

Reprodução proibida. Art. 184 do Código Penal e Lei 9.610 de 19 de fevereiro de 1998.
Todos os direitos reservados
EDITORA MODERNA LTDA.
Rua Padre Adelino, 758 – Belenzinho
São Paulo – SP – Brasil – CEP 03303-904
Vendas e Atendimento: Tel. (0_ _11) 2602-5510
Fax (0_ _11) 2790-1501
www.moderna.com.br
2020
Impresso no Brasil

1 3 5 7 9 10 8 6 4 2

Apresentação

CARO ALUNO

Fizemos este Caderno de Atividades para que você tenha a oportunidade de reforçar ainda mais seus conhecimentos em História.

No início de cada unidade, na seção **Lembretes**, há um resumo do conteúdo explorado nas atividades, que aparecem em seguida.

As atividades são variadas e distribuídas em quatro unidades, planejadas para auxiliá-lo a aprofundar o aprendizado.

Bom trabalho!

Os editores

Detalhe de um alto-relevo em uma pedra tumular egípcia de cerca de 4 mil anos, representando um casal.

Sumário

Unidade 1 • A história dos primeiros grupos humanos **5**
Lembretes **5**
Atividades **9**

Unidade 2 • O início do comércio **15**
Lembretes **15**
Atividades **19**

Unidade 3 • A formação do Brasil **27**
Lembretes **27**
Atividades **31**

Unidade 4 • Migrações no Brasil **37**
Lembretes **37**
Atividades **41**

Trabalhadores imigrantes em lavoura de café no estado de São Paulo, em foto da década de 1930.

UNIDADE 1 — A história dos primeiros grupos humanos

Lembretes

Os historiadores analisam fontes de todos os tipos para compreender o passado dos seres humanos.

Tempo histórico

- Os historiadores estudam mudanças e permanências na vida dos seres humanos ao longo do tempo.

Fontes históricas

- São vestígios visuais, orais e escritos deixados pelo ser humano. Podem ser materiais ou imateriais.
- **Fontes materiais** são objetos produzidos pelo ser humano, como utensílios, documentos e construções.
- **Fontes imateriais** são lendas, tradições e costumes transmitidos ao longo de várias gerações.

Fatos históricos no tempo

- O nascimento de Cristo foi escolhido como o principal marco temporal de nossa história; por isso, as datas anteriores a esse evento são escritas com **a.C.** (antes de Cristo), e as posteriores, com **d.C.** (depois de Cristo).
- Utilizam-se algarismos romanos para escrever os séculos. O primeiro século compreende o período entre os anos 1 e 100.
- Nós estamos no século XXI. O século passado foi o século XX.

Linha do tempo

- Uma das formas de organizar, em sequência, os acontecimentos ocorridos em determinado período é a linha do tempo.

Períodos históricos

- São divisões temporais usadas como convenção pelos historiadores:
    → Pré-História (de 4.000.000 até 6.000 anos atrás)
    → Idade Antiga (de 6.000 anos atrás até 476)
    → Idade Média (de 476 até 1453)
    → Idade Moderna (de 1453 até 1789)
    → Idade Contemporânea (de 1789 até os dias atuais)

a.C.		d.C.			
4.000.000 atrás	6.000 atrás	1	476	1453	1789
Pré-História *Surgimento dos primeiros antepassados do ser humano*	**Idade Antiga** *Surgimento dos primeiros registros escritos*	**Nascimento de Cristo**	**Idade Média** *Fim do Império Romano*	**Idade Moderna** *Fim do Império Bizantino*	**Idade Contemporânea** *Revolução Francesa*

Linha do tempo dos períodos históricos com os acontecimentos que dão início a cada período.

Nômades e sedentários

- Todos os seres humanos pertencem à espécie *Homo sapiens*, cujos ancestrais povoaram a Terra a partir do continente africano.
- Os primeiros grupos humanos eram nômades, pois se deslocavam constantemente em busca de animais para caçar e de raízes para se alimentar.

Paleolítico

- Os grupos humanos passaram a produzir instrumentos de pedra lascada. Friccionando duas pedras sob um maço de palha seca, dominaram o fogo, que possibilitou iluminar ambientes, aquecer alimentos e afugentar animais.
- Eles se abrigavam em cavernas e nelas faziam pinturas para registrar o cotidiano.

Neolítico

- Os seres humanos começaram a fabricar instrumentos de pedra polida mais sofisticados que os anteriores, de pedra lascada.
- Com o tempo, alguns grupos fixaram-se perto de rios, onde, além de caçar e pescar, obtinham água e plantavam alimentos no solo úmido e fértil.
- Crescente Fértil é o nome dado à região de uma das primeiras ocupações humanas e onde estão localizados os rios Nilo, Tigre e Eufrates. Recebe esse nome por suas terras férteis e por seu formato de lua crescente.
- Objetos de cerâmica começaram a ser produzidos provavelmente para cozinhar e armazenar alimentos, mas também eram utilizados em manifestações artísticas e religiosas.

Peça de cerâmica de cerca de 4000 a.C., encontrada onde hoje é a Europa. Museu Britânico, Londres, Inglaterra.

Povoamento do continente americano

- Não há consenso sobre as rotas usadas pelos seres humanos no processo de ocupação da América, ocorrido ao longo de milhares de anos.
- De acordo com uma teoria inicial, os primeiros grupos humanos atravessaram o Estreito de Bering e foram ocupando o continente americano até o sul.
- Conforme uma outra teoria, os diferentes grupos humanos navegaram do sul da Ásia e da Oceania até o continente americano.

Vestígios do povoamento do Brasil

- No sítio arqueológico de Lagoa Santa, no estado de Minas Gerais, foi achado o crânio de Luzia, considerada o ancestral americano mais antigo.

A agricultura e a ocupação do espaço

- Novas técnicas agrícolas, como o uso de instrumentos de pedra e cerâmica, levaram à domesticação das plantas.
- Graças ao excedente alimentar, os grupos humanos tornaram-se sedentários, fixando-se em diversas regiões do planeta.

Mudanças no modo de vida dos seres humanos

Peça de cerâmica produzida pelo povo núbio na antiga cidade de Kerma, onde hoje se localiza o Sudão, na África. Datado de cerca de 3.700 anos atrás.

- A domesticação de animais aumentou a quantidade de leite e de carne para alimentação, assim como de couro usado para confeccionar vestimentas.
- Instrumentos e recursos naturais possibilitaram a construção de abrigos de madeira, pedra e barro, considerados mais seguros.
- O crescimento populacional gerou a necessidade de aprimorar as técnicas agrícolas para evitar a escassez de alimentos.

A organização social dos grupos humanos

- A convivência entre os grupos humanos sedentários deu origem a organizações sociais, como os clãs familiares e, milhares de anos depois, às aldeias e cidades.
- Nessas sociedades, o comércio do excedente agrícola tornou-se tão importante quanto a agricultura.

Atividades

1 Complete o parágrafo a seguir usando as palavras do quadro.

> fontes históricas   historiadores   orais   visuais   escritas

Os _____ são profissionais que se dedicam a estudar os acontecimentos do passado com base na investigação de marcas deixadas por grupos humanos antigos, chamadas _____.

Essas marcas podem ser _____, como documentos e livros, _____, como pinturas e filmes, ou _____, como músicas e entrevistas.

2 Sobre os tipos de fonte histórica, classifique cada afirmativa como verdadeira (**V**) ou falsa (**F**).

☐ a) Jornais, registros escritos em um diário e relatos de viagem podem ser considerados fontes históricas escritas.

☐ b) Fontes históricas orais são aquelas que registram e transmitem informações históricas por meio da fala.

☐ c) Fontes imateriais não podem ser usadas como registro histórico, pois não têm suporte físico.

☐ d) Lendas, costumes e tradições de uma sociedade podem ser consideradas fontes históricas.

- Reescreva a frase falsa, tornando-a verdadeira.

_____

_____

_____

9

3 Observe as fotografias e leia as legendas. Depois, classifique as alternativas em fonte histórica material (**M**) ou fonte histórica imaterial (**I**).

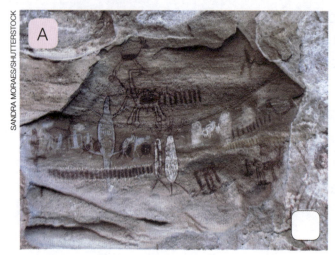

Pintura rupestre no Parque Nacional Serra da Capivara, em São Raimundo Nonato, no Piauí.

Pessoas dançando frevo no Recife, em Pernambuco. Foto de 2018.

Página da Carta ao rei de Portugal, dom Manuel, escrita por Pero Vaz de Caminha em 1º de maio de 1500.

Pessoas participando da festa católica do Círio de Nazaré, realizada em Belém, no Pará. Foto de 2016.

4 A linha do tempo é uma forma de representação que organiza e situa os acontecimentos históricos no decorrer do tempo. Observe a linha do tempo apresentada na página **6** deste caderno e faça o que se pede a seguir.

a) Considerando o ponto de partida que usamos para contar nossa história, qual acontecimento marca o ano 1?

_____

b) Como devem ser indicados os acontecimentos antes e depois desse marco?

_____
_____
_____

c) Quais são os períodos históricos e os acontecimentos que dão início a cada um deles?

_____
_____
_____
_____

5 Complete o quadro a seguir com o ano e o século em que ocorreram os acontecimentos históricos indicados.

Acontecimento	Ano	Século
a) Nascimento de Cristo		
b) Fim do Império Romano		
c) Fim do Império Bizantino		
d) Revolução Francesa		

6 Classifique cada alternativa de acordo com o período correspondente: Paleolítico (**P**) ou Neolítico (**N**).

- a) O cultivo agrícola teve início.
- b) As primeiras aldeias foram criadas.
- c) Os grupos humanos eram nômades.
- d) Os primeiros utensílios de pedra polida foram criados.
- e) Os grupos humanos começaram a estabelecer moradia fixa.
- f) As cavernas eram usadas como abrigos.
- g) O ser humano vivia exclusivamente de caça, pesca e coleta.
- h) Os utensílios eram produzidos com pedras lascadas.
- i) Os abrigos eram feitos de madeira, pedra e barro.
- j) Os objetos de cerâmica foram criados, provavelmente, para armazenar alimentos e água ou para uso artístico e religioso.

7 Observe o mapa a seguir e responda às questões.

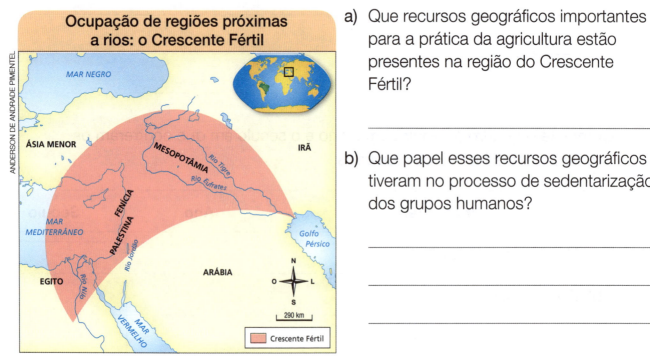

Fonte: VIDAL-NAQUET, Pierre; BERTIN, Jacques. *Atlas histórico*: da Pré-História aos nossos dias. Lisboa: Círculo de Leitores, 1990. p. 39.

a) Que recursos geográficos importantes para a prática da agricultura estão presentes na região do Crescente Fértil?

_____

b) Que papel esses recursos geográficos tiveram no processo de sedentarização dos grupos humanos?

_____
_____
_____
_____
_____

8 Sobre o processo de ocupação humana do continente americano, analise o mapa e classifique cada afirmativa como verdadeira (**V**) ou falsa (**F**).

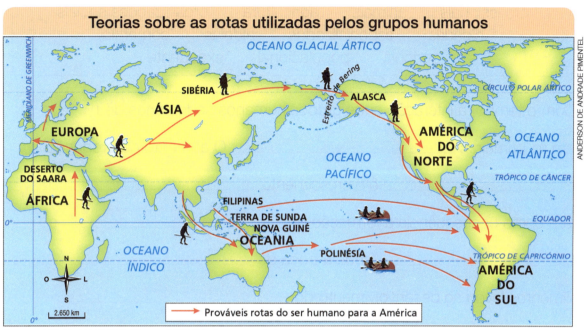

Fontes: VIDAL-NAQUET, Pierre; BERTIN, Jacques. *Atlas histórico*: da Pré-História aos nossos dias. Lisboa: Círculo de Leitores, 1987. p. 18; ALBUQUERQUE, Manuel Maurício de. *Atlas histórico escolar*. Rio de Janeiro: FAE, 1991. p. 50.

a) Hoje, os cientistas sabem exatamente como ocorreu o povoamento da América.

b) O processo de ocupação por grupos humanos foi extenso, levando milhares de anos.

c) Uma teoria afirma que os grupos humanos chegaram à América em pequenos barcos vindos da África.

d) Uma teoria afirma que os grupos humanos caminharam até a América por meio de uma passagem chamada Estreito de Bering.

e) Existe a possibilidade de os grupos humanos terem chegado à América a partir dos continentes da Ásia e Oceania.

f) Os grupos humanos que chegaram ao norte da América teriam caminhado ou usado barcos até o sul.

g) Os grupos humanos que povoaram a América e os demais continentes originaram-se na África.

9 Complete o parágrafo abaixo usando algumas palavras do quadro.

> profissionais   animais   agricultura   organizações sociais
> cidades   especializados   aldeias   comércio
> agrícola   populacional   excedente

Com o tempo, a interação entre grupos humanos sedentários deu origem às primeiras _____. O aumento da produção _____ e o crescimento _____ tiveram como consequência a formação de _____ e _____, onde a troca do _____ de alimentos levou ao desenvolvimento do _____.

Nas aldeias, as pessoas dedicavam-se principalmente à _____ e à criação de _____. Nas cidades, havia _____ _____, como pedreiros, carpinteiros, barbeiros, comerciantes e artesãos.

10 No sítio arqueológico de Lagoa Santa, em Minas Gerais, foi encontrado o crânio de uma jovem mulher. Estima-se que ele tenha cerca de 11.000 anos.
Em relação a essa descoberta, responda às questões a seguir.

a) Como ela foi nomeada?
_____

b) Qual é sua importância para a sociedade atual?
_____
_____
_____
_____

UNIDADE 2 — O início do comércio

Lembretes

As primeiras trocas comerciais

- O excedente de alimentos produzidos graças ao aperfeiçoamento de técnicas agrícolas e os animais domesticados passaram a ser trocados entre os grupos familiares.

- As trocas eram diretas e, assim, evitava-se o desperdício e a diversidade alimentar desses grupos aumentava.

No Neolítico, os grupos humanos começaram a trocar entre si o excedente de alimentos que produziam.

Novas relações e produtos

- Diversos artigos, como ferramentas, vestimentas e peças de cerâmica, passaram a ser fabricados por alguns grupos humanos, especialmente para serem trocados por mercadorias produzidas por outros grupos.

- O desenvolvimento da atividade comercial coincidiu com a especialização do trabalho: alguns membros do grupo plantavam, outros cuidavam dos animais, alguns produziam objetos e tecidos.

- Aos poucos, diferentes valores de troca foram sendo atribuídos aos vários tipos de mercadoria.

O surgimento da moeda

- Alguns grupos passaram a usar sal, conchas e sementes como moeda, com a finalidade de atribuir valores monetários a diferentes produtos.
- Com a criação da moeda, as trocas comerciais foram facilitadas, pois ela podia ser utilizada para obter qualquer tipo de mercadoria.
- A troca de produtos deixou de ser direta, pois os grupos familiares passaram a trocar as mercadorias por moedas e, com elas, adquirir novas mercadorias.

Comércio e ocupação do espaço

- O crescimento das trocas comerciais deu origem à profissão do mercador, que adquiria e vendia produtos em diferentes regiões.
- Os mercadores passaram a levar os produtos para locais cada vez mais distantes, por terra ou por mar.

Trocas culturais e conflitos

- O comércio no mar Mediterrâneo envolveu diferentes povos da Europa, da África e da Ásia.
- O contato entre esses povos permitiu a troca de línguas, costumes, culturas, alfabetos, calendários e conhecimentos sobre matemática, geografia e navegação.
- A disputa pelo controle das rotas comerciais e pelo domínio dos portos levou a conflitos sociais e guerras, o que gerou desigualdade entre as pessoas.

Comércio na Ásia e na América

- Em algumas regiões da Ásia, como a China, as intensas trocas comerciais deram origem à Rota da Seda, um longo caminho terrestre pelo qual os tecidos chineses eram levados aos mercados europeus.
- Antes da chegada dos europeus, indígenas da América já faziam o comércio de produtos agrícolas e artesanato por vias terrestres e vias fluviais.

Gravura feita em 1540 retratando os mercadores astecas, que comercializavam produtos como cacau, milho, metais preciosos, plumas e tecidos. O povo asteca habitava a região onde hoje se localiza o México.

A expansão do comércio e das rotas

- Os europeus compravam no Mediterrâneo especiarias das Índias, como cravo, canela e pimenta, que eram usadas para temperar e conservar alimentos e para fabricar remédios e perfumes.

- Para evitar as altas taxas pagas aos mercadores no Mediterrâneo pelas especiarias, os portugueses decidiram buscar uma nova rota até as Índias e, com isso, descobriram que podiam contornar o continente africano pelo oceano Atlântico.

- A descoberta de novas rotas garantiu aos portugueses grande lucro para investir nas expedições marítimas.

O aperfeiçoamento de instrumentos de orientação marítima e a construção de navios maiores e mais velozes favoreceram o comércio, uma vez que criaram condições para que se iniciassem as Grandes Navegações, no século XV.

Mudanças na navegação

- Os europeus aperfeiçoaram os instrumentos de orientação marítima, como a bússola, o astrolábio, o quadrante e as cartas marítimas.

- Os portugueses foram pioneiros ao construir as caravelas, embarcações maiores, impulsionadas pelo vento, por meio de grandes mastros e velas de pano amarradas a eles.

As Grandes Navegações

- Até os anos 1400, os europeus conheciam pouco os oceanos e acreditavam que neles existissem monstros marinhos, os quais temiam.

- Navegantes europeus realizaram diversas expedições pelo oceano Atlântico para buscar riquezas (especiarias e metais preciosos), conquistar colônias e difundir o cristianismo.

A chegada dos europeus à América

- Em 1492, a serviço da Espanha, Cristóvão Colombo chegou às terras da atual América Central pensando ter alcançado as Índias.

- Em 1500, Pedro Álvares Cabral chegou às terras que mais tarde seriam conhecidas como Brasil e, perante os nativos, as reivindicou para a Coroa portuguesa.

- Os portugueses ofereciam aos nativos chapéus, colares e crucifixos e obtinham em troca serviços ou produtos, como cocares, arcos, flechas, peles de animais, madeira e outros artigos de valor comercial para os europeus.

- Produtos, pessoas e diversas culturas passaram a circular entre a Europa, a América e a África.

Nova visão de mundo

- Os europeus afirmaram ter descoberto a América e passaram a chamar o continente de Novo Mundo.

- Essa visão é chamada de **eurocêntrica**, pois desconsidera as sociedades indígenas já existentes na América antes da chegada dos europeus.

Mapa-múndi de Martin Waldseemüller, 1507.

Atividades

1 Em relação às primeiras trocas comerciais, classifique cada afirmativa como verdadeira (**V**) ou falsa (**F**).

☐ a) A troca dos alimentos excedentes começou antes do desenvolvimento da agricultura.

☐ b) Nas primeiras relações comerciais, as pessoas trocavam suas mercadorias por aquelas de que necessitavam.

☐ c) O intercâmbio de mercadorias entre os grupos familiares possibilitou a obtenção de alimentos variados, mas causou o desperdício da própria produção.

☐ d) Em grandes grupos familiares, todos os membros trabalhavam na plantação de alimentos e realizavam as mesmas tarefas.

☐ e) Uma variedade de produtos, como ferramentas e utensílios de cerâmica, passou a ser produzida especialmente para o comércio.

2 Assinale a alternativa que apresenta uma das consequências das trocas comerciais diretas.

☐ a) O consumo do excedente de alimentos pelo grupo familiar que os produziu, para evitar o desperdício.

☐ b) O empobrecimento alimentar dos grupos familiares que praticavam o comércio.

☐ c) A especialização do trabalho de membros da família na plantação, na criação de animais ou na produção de objetos.

☐ d) O comércio exclusivo de alimentos, uma vez que as ferramentas eram usadas apenas pelo grupo familiar que as produzia.

☐ e) O afastamento entre os grupos familiares, que deixaram de fazer o comércio entre si.

3 Complete o parágrafo que descreve a expansão do comércio, usando as palavras do quadro.

> terrestres   marítimas   conhecimentos   culturas   comerciantes

_____ passaram a trocar seus produtos em regiões mais distantes, por meio de rotas _____ ou _____. Além do comércio, esse contato possibilitou o intercâmbio de _____ e _____ entre as diferentes sociedades.

4 Complete o diagrama.

a) Atividade que favoreceu as trocas culturais, mas gerou disputas entre os povos.
b) Profissional responsável por realizar a compra e a venda de mercadorias.
c) Espaço de rotas marítimas que ligava os povos asiáticos, africanos e europeus.
d) Importante rota comercial terrestre que ligava a Ásia à Europa.
e) Produtos indianos que interessavam aos europeus.
f) Elemento que facilitou as trocas comerciais.

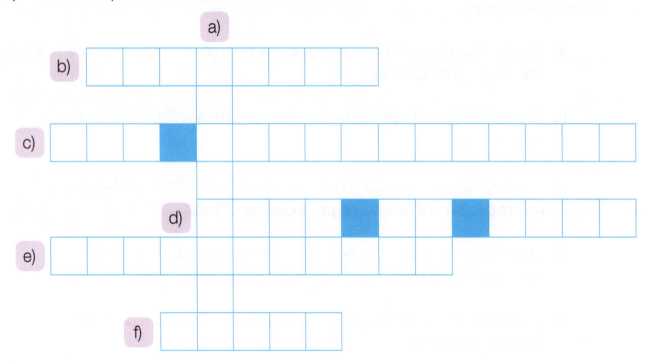

5 Classifique as sentenças a seguir de acordo com o tipo de rota comercial representada nas ilustrações.

Cena do *Códice Florentino*, que ilustra a cultura asteca, do século XVI.

Representação de caravana comercial na Rota da Seda do *Atlas Catalão*, do século XIV.

Ilustração de navios de carga europeus do fim do século XVII.

- a) Os mercadores europeus também usavam as rotas marítimas para fazer as trocas comerciais.
- b) Os produtos de seda chineses eram transportados da Ásia até a Europa por rotas terrestres.
- c) Os indígenas americanos faziam comércio entre si por meio das rotas fluviais.

6 Assinale a alternativa que apresenta os fatores que criaram as condições para a realização das Grandes Navegações marítimas europeias.

a) O conhecimento sobre as rotas terrestres que os europeus adquiriram por meio do comércio com os chineses.

b) O aperfeiçoamento de instrumentos de navegação, como a bússola, o astrolábio e as cartas marítimas, e a construção de embarcações maiores e mais velozes.

c) O desenvolvimento das canoas pelos navegadores genoveses.

d) A busca por riquezas (metais preciosos) e especiarias produzidas na região do Mediterrâneo.

e) O domínio da navegação no oceano Atlântico e de suas criaturas marinhas.

7 Complete o parágrafo a seguir usando as palavras do quadro.

> Velho   América   europeus
> colônias   Atlântico   Colombo
> eurocêntrica   metais

Os europeus se aventuraram no oceano _____ em busca de novas _____ para obter delas riquezas, como _____ preciosos. Depois que _____ desembarcou na _____ Central, os colonizadores passaram a chamar a Europa de _____ Mundo, uma vez que acreditavam ter descoberto novas terras. Essa visão de mundo foi chamada de _____, por considerar apenas o que os _____ conheciam.

8 Observe o mapa da expansão comercial europeia. Depois, classifique cada afirmativa como verdadeira (**V**) ou falsa (**F**).

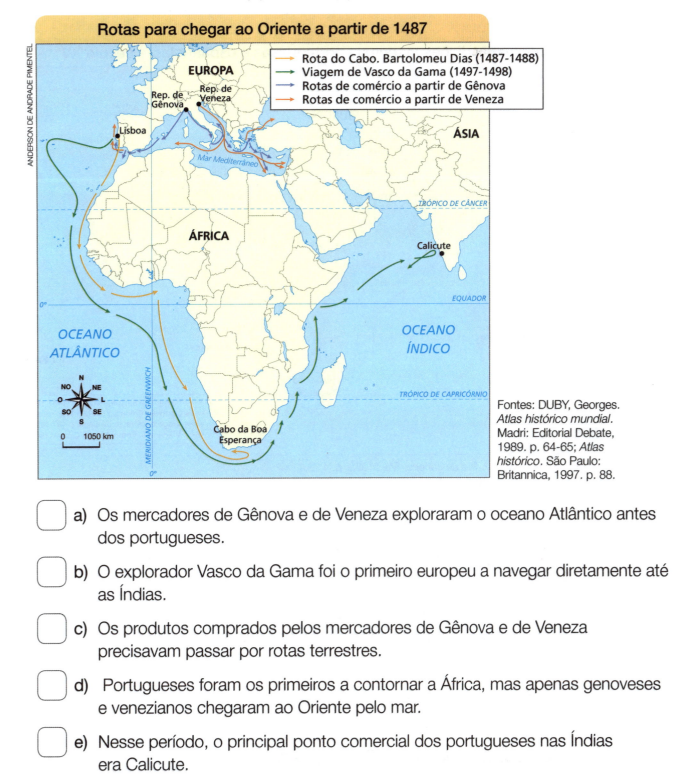

Fontes: DUBY, Georges. *Atlas histórico mundial*. Madri: Editorial Debate, 1989. p. 64-65; *Atlas histórico*. São Paulo: Britannica, 1997. p. 88.

a) Os mercadores de Gênova e de Veneza exploraram o oceano Atlântico antes dos portugueses.

b) O explorador Vasco da Gama foi o primeiro europeu a navegar diretamente até as Índias.

c) Os produtos comprados pelos mercadores de Gênova e de Veneza precisavam passar por rotas terrestres.

d) Portugueses foram os primeiros a contornar a África, mas apenas genoveses e venezianos chegaram ao Oriente pelo mar.

e) Nesse período, o principal ponto comercial dos portugueses nas Índias era Calicute.

f) O interesse dos europeus no Oriente tinha relação com as especiarias, utilizadas para conservar alimentos e fazer remédios e perfumes.

9 Observe o mapa a seguir e assinale a alternativa correta referente à chegada dos europeus à América.

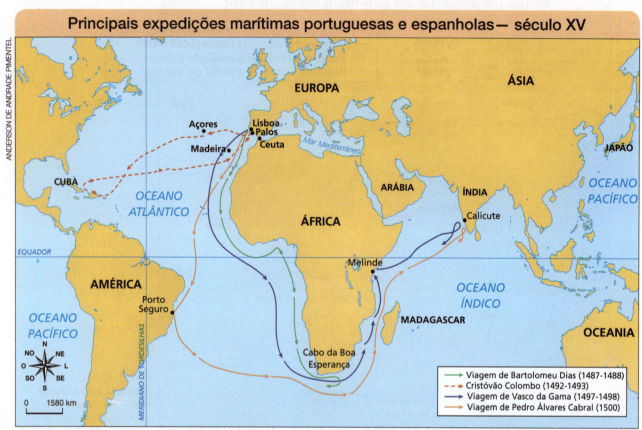

Fontes: *Atlas histórico escolar*. Rio de Janeiro: FAE, 1988. p. 112-113.
Atlas histórico. São Paulo: Britannica, 1997. p. 88.

☐ a) A viagem de Colombo foi importante, pois levou os europeus à descoberta de um novo continente em 1492.

☐ b) Com a conquista das novas colônias americanas, os europeus deixaram de expandir o cristianismo e obter metais preciosos.

☐ c) A chegada de Cabral ao Brasil foi um marco histórico, pois representou o primeiro contato europeu com os indígenas americanos.

☐ d) As navegações marítimas no Atlântico estabeleceram a circulação de produtos e pessoas somente entre a Europa, a Ásia e a África.

☐ e) A América foi chamada de Novo Mundo porque se levou em conta a história das antigas sociedades indígenas do continente.

10 Relacione cada trecho a seguir com o mapa que melhor o representa.

1

Mapa-múndi de Henricus Martellus, 1489.

2

Mapa-múndi de Juan de la Cosa, 1500.

a) ☐
> A descoberta da América talvez tenha sido o feito mais espantoso da história dos homens […], somava às já conhecidas África e Ásia uma nova porção do globo, conferia aos homens a totalidade de que eram parte.
>
> Laura de Mello e Souza. *O diabo e a Terra de Santa Cruz*. São Paulo: Companhia das Letras, 1989. p. 25.

b) ☐
> O que era a realidade da Terra para o homem do século XIV? Acreditava-se na existência do Equador, dos trópicos, de cinco zonas climáticas, três continentes, três mares, doze ventos. […] A Ásia, grande polo de fascínio para o imaginário europeu, encerrava o Paraíso Terrestre […].
>
> Laura de Mello e Souza. *O diabo e a Terra de Santa Cruz*. São Paulo: Companhia das Letras, 1989. p. 21.

11 Analise a cena do desembarque da expedição marítima de Pedro Álvares Cabral em terras americanas e responda às questões.

Oscar Pereira da Silva, *Desembarque de Pedro Álvares Cabral em Porto Seguro, 1500*, pintura de 1922. Museu Histórico Nacional, Rio de Janeiro, Brasil.

a) Que momento histórico essa cena retrata?

_____

_____

b) Na época, que nome foi dado a essas terras?

_____

c) Que pessoas participaram desse momento histórico?

_____

_____

d) Como foi o primeiro contato entre essas pessoas?

_____

_____

e) Que mercadorias os exploradores traziam nas embarcações? Para que elas eram usadas?

_____

_____

UNIDADE 3 — A formação do Brasil

Lembretes

Os povos indígenas

- Os portugueses encontraram no Brasil uma paisagem desconhecida e **vários povos indígenas com hábitos e crenças diferentes** dos hábitos e crenças europeus.
- Os nativos praticavam a caça, a pesca e a agricultura de subsistência.
- De início, os portugueses fizeram alianças com os nativos, mas depois passaram a aprisioná-los e escravizá-los para explorar sua mão de obra.

Os hábitos e as crenças dos vários povos indígenas causaram estranhamento entre os europeus que chegaram às terras onde hoje é o Brasil.

O território indígena

- Estima-se que em 1500 a população indígena era de quase 4 milhões de pessoas, que estavam espalhadas por todo o território recém-descoberto.
- Durante todo o processo de colonização das terras indígenas, os portugueses extraíram pau-brasil, instalaram engenhos de cana-de-açúcar e exploraram jazidas de metais preciosos.
- Ao longo dos anos 1800, a cafeicultura expandiu-se para as atuais regiões Sudeste e Sul do Brasil.
- Como resultado da colonização e dos processos produtivos, a população indígena e seus territórios foram drasticamente reduzidos.

A diáspora africana

- Desde a Antiguidade, a escravidão era praticada em diferentes partes do mundo. No continente africano, essa atividade já existia muito antes da chegada dos europeus, mas não era frequente. Os europeus transformaram-na em uma lucrativa atividade comercial.

- A partir de 1550, milhões de africanos de diferentes povos foram retirados à força de suas terras, escravizados e vendidos como mercadorias. Esse processo ficou conhecido como **diáspora africana**.

- Somente para o Brasil foram trazidos mais de 4 milhões de africanos escravizados entre os anos de 1550 e 1850.

- Muitos escravizados não suportavam as condições de viagem nos chamados **navios negreiros** e morriam na travessia marítima da África para a América.

- O sistema escravista era marcado pelo uso da força e da violência, com a finalidade de controlar os africanos escravizados.

Na diáspora africana, os africanos escravizados eram transportados da África para a América em navios negreiros, sofriam maus-tratos durante toda a viagem, e muitos morriam.

Europeus

- Chama-se de **metrópole** o país colonizador e de **colônia** o território ocupado e explorado pela metrópole.

- O objetivo dos portugueses era ocupar as terras, que hoje são brasileiras, para protegê-las de outros invasores e garantir que seriam os únicos a explorá-las.

- Em sua colônia na América, os portugueses adotaram alguns costumes indígenas, como a alimentação e o uso de arcos, flechas e canoas.

Outros europeus na colônia

- Os franceses tentaram explorar pau-brasil na Baía de Guanabara. Para defender a região, os portugueses fundaram a cidade de São Sebastião do Rio de Janeiro e expulsaram os franceses, os quais, por sua vez, foram para o Nordeste, onde fundaram São Luís do Maranhão, de onde também acabaram expulsos.

- Os holandeses também conquistaram regiões do Nordeste brasileiro para produzir açúcar. Por falta de dinheiro, o governo holandês exigiu o pagamento dos empréstimos concedidos aos senhores de engenho, os quais, por sua vez, aliaram-se aos portugueses e derrotaram os holandeses.

Desembarque de europeus em terras da colônia portuguesa na América, no século XVI.

A população brasileira

- A cultura brasileira resulta principalmente da interação entre europeus, indígenas e africanos. A variedade de povos que existe nesses três grupos torna a cultura brasileira heterogênea, ou seja, muito diversa.

- O Brasil herdou as estruturas sociais e a língua de Portugal. O português falado no Brasil também apresenta muitas palavras de origem africana e indígena.

- É possível identificar a presença africana em diversas danças e na religiosidade do povo brasileiro. Também se verifica a influência indígena nos hábitos alimentares e no costume de tomar banho diariamente.

A interação entre os diferentes povos que originalmente formaram o Brasil tornou a cultura do país muito diversa.

Atividades

1 Observe o mapa a seguir, que mostra a distribuição dos povos indígenas no Brasil, antes da chegada dos portugueses. Depois, assinale a alternativa correta.

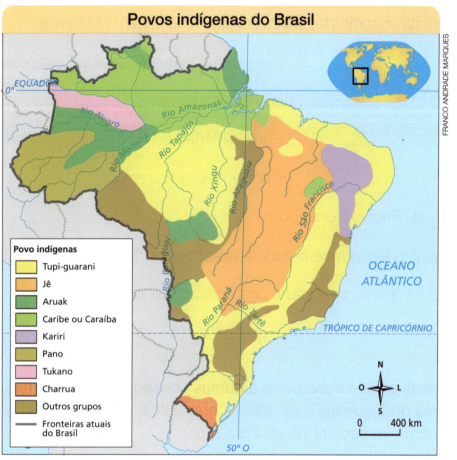

Fonte: *Atlas histórico escolar*. Rio de Janeiro: FAE, 1991. p. 12.

a) O litoral do Brasil era ocupado por indígenas pertencentes a um único grupo linguístico.

b) As cores no mapa mostram que havia uma grande variedade de grupos indígenas no território brasileiro.

c) O mapa revela que os Tupi-guarani ocupavam somente o interior do Brasil e, por isso, não interagiram com os portugueses.

d) Os indígenas do grupo Pano foram os primeiros a ter contato com os europeus, pois habitavam o litoral.

e) Nesse período, havia pouca diversidade de povos indígenas no território do Brasil.

2 Complete o parágrafo a seguir usando as palavras do quadro.

> caça   mão de obra   crenças   agricultura
> alianças   aldeamentos   segurança   aldeias

Os indígenas encontrados pelos portugueses tinham costumes e _____ diferentes dos europeus. Eles viviam em _____, onde praticavam a _____ e a _____. Inicialmente, como meio de garantir sua _____, os portugueses fizeram _____ com os nativos. Para explorar, porém, a _____ local e as riquezas das terras recém-encontradas, os conquistadores aprisionaram os indígenas e impuseram a eles o cristianismo nos chamados _____.

3 Leia as afirmativas que descrevem algumas consequências da interação entre os colonizadores portugueses e os nativos brasileiros. Em seguida, classifique cada uma delas como verdadeira (**V**) ou falsa (**F**).

☐ a) A realização de atividades como a extração de madeira e metais preciosos ocorreu em terras que não eram habitadas por indígenas.

☐ b) O processo de colonização resultou na diminuição drástica das terras e dos povos indígenas.

☐ c) Devido à interação com os nativos, os portugueses passaram a consumir novos alimentos e a usar canoas, arcos e flechas.

☐ d) Os hábitos e as crenças dos nativos foram preservados em razão da construção dos aldeamentos jesuíticos.

☐ e) Muitos colonizadores se relacionaram com mulheres indígenas e tiveram filhos com elas, chamados de mestiços.

4 Leia o trecho da Constituição brasileira referente aos direitos dos indígenas atuais e faça o que se pede.

> Art. 231. São reconhecidos aos índios sua organização social, costumes, línguas, crenças e tradições, e os direitos originários sobre as terras que tradicionalmente ocupam, competindo à União demarcá-las, proteger e fazer respeitar todos os seus bens.
>
> § 1º São terras tradicionalmente ocupadas pelos índios as por eles habitadas em caráter permanente, as utilizadas para suas atividades produtivas, as imprescindíveis à preservação dos recursos ambientais necessários a seu bem-estar e as necessárias a sua reprodução física e cultural, segundo seus usos, costumes e tradições.
>
> BRASIL. *Constituição da República Federativa do Brasil*. 5 de outubro de 1988. Título VIII – Da Ordem Social. Capítulo VIII – Dos Índios. Disponível em: <http://mod.lk/c4ya0>. Acesso em: 8 abr. 2019.

a) Circule no texto as características dos povos indígenas que são reconhecidas pela União (o Estado brasileiro).

b) Grife no texto o dever da União em relação às terras ocupadas pelos indígenas.

c) Por que é importante reconhecer o direito dos povos indígenas às terras tradicionalmente ocupadas?

_____
_____
_____
_____

5 Assinale a alternativa correta relacionada ao comércio de escravizados na África.

- [ ] a) A escravidão foi introduzida pelos europeus no continente africano.

- [ ] b) Os comerciantes europeus traziam escravos para a África, onde compravam tecidos e armas.

- [ ] c) Os africanos escravizados e comercializados pelos portugueses pertenciam a um mesmo povo.

- [ ] d) Os europeus faziam comércio com os reinos africanos, pois, na África, havia milhares de habitantes e culturas variadas.

- Corrija as frases incorretas.

_____
_____
_____
_____

6 Complete as afirmativas com as palavras do quadro. Depois, numere-as de acordo com as etapas do comércio de africanos escravizados no Oceano Atlântico.

| navio negreiro | metrópole | Golfo da Guiné | colônia |

- [ ] a) Na _____ brasileira, milhares de africanos escravizados eram vendidos e tornavam-se propriedade de seus compradores.

- [ ] b) No _____, os comerciantes compravam escravizados vindos dos reinos bantos e iorubás e dos povos malês.

- [ ] c) Da _____ portuguesa, os comerciantes seguiam viagem até a costa africana, onde buscavam adquirir escravizados, além de ouro e marfim.

- [ ] d) Durante a viagem, no _____, os escravizados eram amontoados, mal alimentados, sofriam maus-tratos e muitos morriam.

7 Leia as afirmativas a respeito das invasões de conquistadores europeus no Brasil e classifique cada uma como verdadeira (**V**) ou falsa (**F**).

- a) Portugal preocupou-se em ocupar as terras da colônia para protegê-la de outros invasores europeus.

- b) Conquistadores franceses estabeleceram-se na Baía de Guanabara e fundaram a cidade do Rio de Janeiro.

- c) Os holandeses conseguiram explorar a cana-de-açúcar em território brasileiro.

- d) São Luís do Maranhão é a principal marca da presença holandesa na colônia brasileira.

- e) Os portugueses contaram com a ajuda de proprietários de terra do Nordeste para derrotar os holandeses.

- f) Os franceses foram expulsos sem fundar vilas ou cidades que marcassem sua presença no Brasil.

- g) Maurício de Nassau foi o governante da colônia estabelecida no litoral pelos franceses.

- h) Os Tamoio fizeram alianças com os franceses e os ajudaram a se estabelecer na colônia.

8 Classifique as alternativas de acordo com os grupos que fizeram parte da formação da população brasileira: indígenas (**I**), africanos (**A**) e europeus (**E**).

- a) Migraram para obter riquezas e exploraram povos locais.

- b) Pertenciam a diferentes reinos que apresentavam as próprias línguas e culturas.

- c) Foram expulsos de seus territórios e convertidos durante a colonização.

- d) Batalharam entre si para ocupar e explorar os territórios da colônia.

- e) Utilizavam os recursos da terra para sua subsistência.

- f) Foram obrigados a migrar de um continente a outro em grandes embarcações.

9 Complete o diagrama com as palavras correspondentes às descrições a seguir.

a) Reinos com milhares de habitantes localizados no Golfo da Guiné.

b) Nome dado ao país que explorava o território de uma colônia.

c) Continente onde se comercializavam tecidos, armas, ouro e escravos.

d) Filhos nascidos do relacionamento entre europeus e nativos.

e) Postos de comércio e de defesa construídos pelos portugueses no litoral da colônia.

f) Comunidades construídas nas terras dos nativos para convertê-los ao cristianismo.

g) Europeus que tentaram colonizar diferentes regiões brasileiras e fundaram a cidade de São Luís do Maranhão.

h) Tipo de navio utilizado pelos comerciantes europeus para transportar escravos africanos.

i) Região do território brasileiro invadida pelos holandeses para a plantação da cana-de-açúcar.

j) Característica da cultura brasileira por ser formada por tradições e costumes de diversos povos.

UNIDADE 4 — Migrações no Brasil

Lembretes

Imigração no Brasil

- Durante o período colonial, era expressiva a presença de portugueses, se comparada com a de europeus de outras procedências. O território que pertencia a Portugal era o destino de milhões de escravizados trazidos de diferentes partes do continente africano.

- Em 1822, com a independência, o Brasil deixou de ser controlado pelos portugueses, o que favoreceu a vinda de pessoas de outras nacionalidades ao país.

- Com a proibição do tráfico de escravizados em 1850, o governo e os proprietários de terra incentivaram a chegada de trabalhadores livres e assalariados ao Brasil.

- O regime escravista chegou ao fim em 1888. Nesse processo, destacam-se a resistência dos escravizados, a pressão internacional contra o tráfico e a campanha dos abolicionistas brasileiros.

Imigração e cultura do café

- Imigrantes são pessoas que deixam seus países de origem para buscar em outros países melhores condições de vida, como trabalho, moradia, alimentação, saúde e educação.

- A partir de 1870, mais de 3 milhões de imigrantes alemães, italianos, espanhóis, japoneses e árabes chegaram ao Brasil para trabalhar no campo, sobretudo nas plantações de café.

- Além de esses imigrantes enfrentarem péssimas condições de viagem, muitas vezes seus contratos não eram cumpridos e eles acabavam tendo jornadas de trabalho desgastantes.

- Chegando ao Brasil, eles precisavam pagar pelas despesas de viagem, que eram cobertas pelos fazendeiros ou pelo governo brasileiro, e tornavam-se dependentes do trabalho.

O Brasil recebeu imigrantes dos mais variados países.

Diversidade de povos e costumes

- A entrada de imigrantes no país contribuiu para ampliar a diversidade cultural brasileira. Os hábitos da população brasileira resultam de trocas culturais entre povos indígenas, africanos, portugueses, italianos, alemães, japoneses, árabes, entre outros.

- Os imigrantes mantiveram muitos costumes de seus países como meio de preservar a identidade cultural e a memória de seus ancestrais.

- A variada culinária brasileira é um exemplo da influência dos imigrantes. Entre os pratos mais apreciados pelos brasileiros estão a massa italiana, os embutidos alemães e o *sushi* japonês.

Muitos dos costumes dos imigrantes foram mantidos e transmitidos no decorrer de sucessivas gerações.

Migrações internas no Brasil

- Entre as décadas de 1930 e 1970, muitos brasileiros migraram em direção ao Sudeste para trabalhar no comércio, nas construções e nas fábricas.
- Essas migrações ocorreram por causa da industrialização na região, além da seca no Nordeste, do desemprego, da dificuldade de cultivo da terra e de obtenção de alimentos.
- Na década de 1950, a construção de Brasília, capital do país, atraiu para a região do Planalto Central muitos trabalhadores dos estados de Minas Gerais, de Goiás e da Bahia, que se estabeleceram no entorno da cidade.

Muitos migrantes nordestinos viajavam para outras regiões do país em um tipo de caminhão conhecido como pau de arara.

Identidade cultural dos migrantes

- Os migrantes adaptam-se aos hábitos locais e também influenciam a cultura do novo lugar de residência com seus costumes.
- Na cidade de São Paulo, onde mais de 20% da população é formada por migrantes da região Nordeste, verifica-se a existência de feiras, estabelecimentos de comércio e Centro de Tradições Nordestinas. Na cidade de Porto Velho, no estado de Rondônia, observa-se a presença de migrantes gaúchos.

Um pouco da cultura brasileira

- Em razão das migrações que ocorreram no Brasil, é possível verificar uma grande diversidade cultural em cada região do país, representada em canções, festas populares, artesanato, alimentação, entre outras manifestações.

Identidade nacional e comunicação

- Na década de 1930, o rádio era o principal meio de comunicação no país. Por meio dele, criava-se um sentimento de pertencimento e de identidade nacional, uma vez que abrangia os aspectos da cultura popular, como o samba, a capoeira e o futebol.

- As emissoras de rádio transmitiam também propagandas políticas do governo Getúlio Vargas.

O impacto da comunicação

- A popularização da televisão (década de 1950), do telefone fixo (década de 1990), dos celulares e da internet (anos 2000) possibilitou contatos e trocas culturais entre pessoas que viviam e vivem distantes umas das outras.

- A falta de acesso aos meios de comunicação pode levar à exclusão digital e à desigualdade social, econômica e cultural.

As transmissões de rádio realizadas nas primeiras décadas do século XX ajudaram a moldar a identidade nacional brasileira.

Atividades

1 Complete o parágrafo que descreve a entrada de imigrantes no Brasil durante o século XIX utilizando as palavras do quadro.

> escravista   sociais   Sudeste   econômicas
> mão de obra   Sul   imigrantes   café

Com o enfraquecimento do sistema _____, o governo brasileiro passou a incentivar a entrada de _____ no país como um meio de garantir _____ para o trabalho nas lavouras de _____. Com o objetivo de deixar para trás dificuldades _____ e conflitos _____ em seus lugares de origem, milhões de pessoas vieram para o Brasil, onde a maioria passou a trabalhar nas regiões _____ e _____.

2 Considerando-se os fatores que levaram ao processo de imigração para o Brasil no século XIX, classifique cada afirmativa como verdadeira (**V**) ou falsa (**F**).

a) A independência do Brasil, em 1822, facilitou a abertura do território para a entrada de estrangeiros.

b) Antes da chegada dos imigrantes, a mão de obra utilizada na produção do café e do açúcar era portuguesa.

c) O fim da escravidão no Brasil foi influenciado por campanhas nacionais e internacionais e pela resistência dos escravizados.

d) O enfraquecimento e a abolição da escravidão levaram à necessidade de atrair novos trabalhadores para o Brasil.

e) Com a abolição da escravidão, os proprietários de terra trouxeram ao Brasil africanos livres para trabalhar nas lavouras.

3 Leia o texto a seguir e responda às questões.

Com o fim da escravidão e a consequente desorganização momentânea do sistema de mão de obra, uma série de esforços foi feita no sentido de atrair imigrantes, sobretudo europeus, para o Brasil. [...] poloneses, alemães, espanhóis, italianos, portugueses e [...] japoneses foram tomados por uma febre imigratória. [...] Estima-se que mais de 50 milhões de europeus abandonaram seu continente de origem em busca da tão desejada "liberdade", que vinha sob a forma de propriedade e emprego.

Lilia M. Schwarcz; Heloísa M. Starling. *Brasil*: uma biografia.
São Paulo: Companhia das Letras, 2015. p. 323.

a) De que a nacionalidade eram os imigrantes que vieram para o Brasil?

_____

_____

b) O que os imigrantes esperavam encontrar fora de seus países?

_____

_____

c) Por que tantos imigrantes abandonaram suas terras de origem?

_____

_____

_____

d) Por que foram feitos esforços para atrair imigrantes, sobretudo europeus?

_____

_____

_____

4 Observe o quadrinho do personagem Armandinho e faça o que se pede.

ARMANDINHO — Alexandre Beck

Alexandre Beck, *Armandinho*, 2018.

a) Quem são os personagens que aparecem no quadrinho?

_____

_____

b) Sobre o que eles estão conversando?

_____

_____

c) Por que Armandinho quer pedir a opinião de Moacir sobre a imigração?

_____

_____

_____

d) Podemos afirmar que o Brasil é um país formado por imigrantes?

_____

_____

_____

43

5) Observe o gráfico que mostra a origem e o destino dos imigrantes que chegaram recentemente ao Brasil. Assinale a alternativa correta.

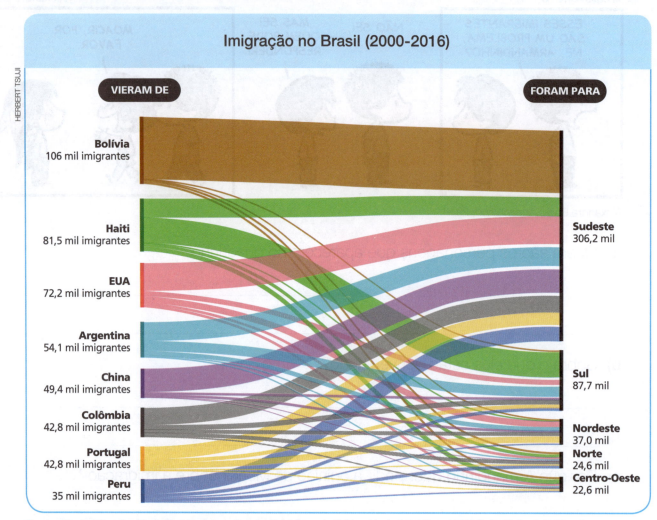

Fonte: Paula Miraglia, Rodolfo Almeida e Gabriel Zanlorenssi, O fluxo de imigração ao Brasil desde a chegada dos portugueses. Nexo, São Paulo, 11 jun. 2018. Disponível em: <https://www.nexojornal.com.br/grafico/2018/06/11/O-fluxo-de-imigra%C3%A7%C3%A3o-ao-Brasil-desde-a-chegada-dos-portugueses>. Acesso em: 8 abr. 2019.

a) O Brasil continua a receber imigrantes de diferentes continentes.

b) O Sudeste deixou de receber a maior parte dos imigrantes que vêm para o Brasil.

c) A maioria dos imigrantes na atualidade vem do continente europeu.

d) Atualmente, o Sul é a região que recebe a maior parte dos imigrantes.

e) Os portugueses representam o maior número de imigrantes que entram no Brasil.

6. Observe as imagens e leia as legendas. Depois, classifique os processos migratórios para o estado de São Paulo em imigração (I) ou migração interna (M).

Desembarque de migrantes brasileiros no interior do estado de São Paulo, em 1940.

Japoneses trabalhando em lavoura de café no estado de São Paulo, em foto da década de 1930.

Apresentação de música típica do Nordeste organizada pelo Centro de Tradições Nordestinas (CTN), em São Paulo, em foto de 2016.

Desembarque de italianos no Porto de Santos, em São Paulo, em foto de 1907.

7 O estado de São Paulo foi o local de chegada de muitos imigrantes e também de muitos migrantes em diferentes épocas. A respeito desse assunto, responda às questões a seguir.

a) Por que o governo procurou atrair imigrantes para o estado, no século XIX?

_____

_____

_____

b) Por que o estado recebeu muitos migrantes internos a partir de 1930?

_____

_____

_____

8 Encontre no diagrama as palavras do quadro que representam as melhores condições de vida buscadas pelos migrantes.

| trabalho | moradia | alimentação | saúde | educação |

E	F	N	U	T	R	A	B	A	L	H	O
D	T	V	M	H	U	O	L	N	I	F	R
U	R	E	O	P	S	A	Ú	D	E	A	G
C	F	I	R	A	E	F	Ç	B	X	U	D
A	H	F	A	G	U	P	J	L	O	N	E
Ç	I	R	D	S	H	C	F	E	P	B	S
Ã	A	L	I	M	E	N	T	A	Ç	Ã	O
O	Ç	P	A	J	B	O	R	U	Z	I	M

46

9) Observe o mapa a seguir e faça o que se pede.

a) Complete a legenda de acordo com os nomes das regiões a que se referem.

b) Identifique no mapa os movimentos migratórios internos no Brasil entre 1930 e 1970, de acordo com as alternativas abaixo.

  I) Trabalhadores nordestinos para o Sudeste.
  II) Trabalhadores sulistas para o Norte.
  III) Trabalhadores do Centro-Oeste e de outras regiões para Brasília.

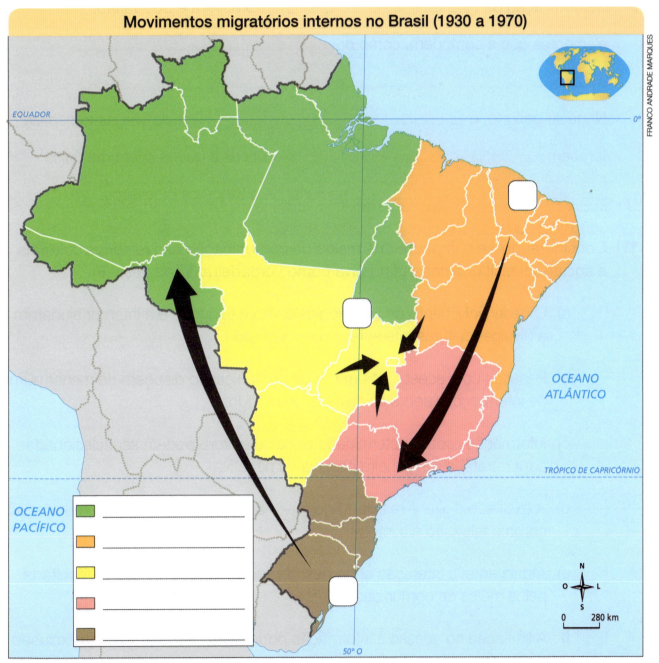

Fonte: IBGE. *Atlas geográfico escolar*. Rio de Janeiro: IBGE, 2012.

10 Complete o parágrafo que descreve os meios de comunicação e suas mensagens nos anos 1930, usando as palavras do quadro.

> governo   rádios   futebol   cultura
> samba   capoeira   propagandas   identidade

As _____ da década de 1930 foram um meio de divulgação da _____ brasileira e dos variados elementos que a compõem, como o _____, a _____ e o _____. Naquele período, o _____ Getúlio Vargas transmitia também _____ políticas e queria criar uma única _____ nacional para todos os brasileiros.

11 Considerando-se o impacto dos meios de comunicação nas relações culturais e sociais, classifique cada afirmativa como verdadeira (**V**) ou falsa (**F**).

☐ a) O desenvolvimento de tecnologias como a televisão e a internet ajudaram a divulgar culturas diferentes no mundo todo.

☐ b) Pessoas com acesso aos meios de comunicação dispõem de menor número de informações sobre as culturas do mundo.

☐ c) Informações sobre determinado povo ou cultura podem ser selecionadas para retratá-lo de maneira positiva ou negativa.

☐ d) A exclusão digital é resultado do maior acesso aos meios de comunicação, como a televisão e a internet.

☐ e) Atualmente, a interação entre pessoas de diferentes regiões é dificultada pelos meios de comunicação.

☐ f) A limitação no acesso à informação pode gerar uma situação de exclusão e de desigualdade social.